卞尺丹几乙し丹卞と

Translated Language Learning

Il viaggio a Lilliput

The Voyage to Lilliput

Jonathan Swift

Italiano / English

Copyright © 2022 Tranzlaty
All rights reserved.
Published by Tranzlaty

Original text by Jonathan Swift
Gulliver's Travels: The Voyage to Lilliput (1726)
Abridged by Andrew Lang: The Blue Fairy Book (1889)

www.tranzlaty.com

Il Viaggio a Lilliput
The Voyage to Lilliput

***

Capitolo primo
Chapter One

Mio padre aveva una piccola tenuta a Nottingham
My father had a small estate in Nottingham
Ero il terzo di quattro figli
I was the third of four sons
Mi mandò a Cambridge a quattordici anni
He sent me to Cambridge at fourteen years old
Ho studiato lì per tre anni
I studied there for three years
dopo di che ho trovato un apprendistato con Mr. Bates
after that I found an apprenticeship with Mr. Bates
era un famoso chirurgo a Londra
he was a famous surgeon in London
Di tanto in tanto mio padre mi mandava piccole somme di denaro
now and then my father sent me small sums of money
Ho speso i soldi per imparare la navigazione
I spent the money in learning navigation
e ho studiato altre arti utili a chi viaggia
and I studied other arts useful to those who travel
Ho sempre creduto che sarebbe stata un'abilità utile
I always believed it would be a useful skill

Il mio apprendistato è durato tre anni
my apprenticeship lasted for three years

il mio buon maestro, il signor Bates, mi raccomandò come chirurgo di bordo
my good master, Mr. Bates, recommended me as ship's surgeon

mi procurò un lavoro su una nave chiamata The Swallow
he got me a job on a ship called The Swallow

su questa nave ho viaggiato tre anni
on this ship I voyaged three years

Quando sono tornato mi sono stabilito a Londra
When I came back I settled in London

Ho preso un mutuo per una piccola casa
I took on a mortgage for a small house

e ho sposato Miss Mary Burton
and I married Miss Mary Burton

la figlia del negoziante, Mr. Edmund Burton
the daughter of shop keeper, Mr. Edmund Burton

Ma il mio buon maestro Bates morì due anni dopo
But my good master Bates died two years later

Avevo solo pochi amici
I only had a few friends

Così la mia attività ha iniziato a fallire
so my business began to fail

così ho deciso di andare di nuovo per mare
so I decided to go to sea again

Dopo diversi viaggi, accettai un'offerta dal capitano W. Pritchard
After several voyages, I accepted an offer from Captain W. Pritchard

era comandante di nave di "The Antelope"
he was ship master of "The Antelope"

stava facendo un viaggio nel Mare del Sud
he was making a voyage to the South Sea
Salpiamo da Bristol, il 4 maggio 1699
We set sail from Bristol, on the 4th of May 1699
All'inizio il nostro viaggio è stato molto prospero
at first our voyage was very prosperous
eravamo nel nostro passaggio verso le Indie Orientali
we were on our passage to the East Indies
ed eravamo arrivati a nord-ovest della Terra di Van Diemen
and we had gotten to the north-west of Van Diemen's Land
Lì, però, siamo stati accolti da una violenta tempesta
there, however, we were met by a violent storm
otto membri del nostro equipaggio erano già morti per i lavori forzati
eight of our crew had already died from hard labour
e quattro membri del nostro equipaggio sono morti per il cibo cattivo
and four of our crew died from bad food
Il resto di noi era in una condizione molto debole
the rest of us were in a very weak condition
Il cinque novembre il tempo era molto nebbioso
On the fifth of November the weather was very hazy
I marinai videro uno scoglio a centoventi metri dalla nave
the seamen spied a rock within a hundred and twenty yards of the ship
ma il vento era troppo forte
but the wind was too strong
e siamo stati spinti dritti sulla roccia
and we were pushed straight upon the rock

la nostra barca è stata rotta contro la roccia
our boat was broken against the rock
Sei di noi sono riusciti a lanciare una barca di salvataggio
Six of us managed to launch a rescue boat
siamo riusciti ad allontanarci dalle rocce
we managed to get away from the rocks
e abbiamo remato per circa tre leghe
and we rowed about three leagues
e poi abbiamo remato fino a quando non abbiamo potuto più lavorare
and then we rowed till we could work no longer
Ci eravamo affidati alla mercé delle onde
We had trusted ourselves to the mercy of the waves
Mezz'ora dopo la barca è stata sconvolta da un'onda improvvisa
half an hour later the boat was upset by a sudden wave
Che fine hanno fatto i miei compagni nella barca non lo so
What became of my companions in the boat I do not know
né so cosa accadde ai miei compagni sulla roccia
nor do I know what happened to my companions on the rock
ma concludo che sono stati tutti persi
but I conclude they were all lost
Da parte mia, ho nuotato come la fortuna mi ha diretto
For my part, I swam as fortune directed me
Sono stato spinto in avanti dal vento e dalla marea
I was pushed forward by wind and tide
alla fine non sono stato in grado di lottare più
eventually I was able to struggle no longer

Mi sono trovato a portata di terra
I found myself within reach of land
A questo punto la tempesta si era calmata
By this time the storm had calmed down
verso le otto di sera raggiunsi la riva
at about eight in the evening I reached the shore
Avanzai di quasi mezzo miglio nell'entroterra
I advanced nearly half a mile inland
ma non riuscivo a vedere alcun segno di abitanti
but I could not see any signs of inhabitants
Ero estremamente stanco per il naufragio
I was extremely tired from the shipwreck
e il caldo del tempo mi cullava fino a farmi addormentare
and the heat of the weather lulled me to sleep
l'erba era molto corta e morbida
the grass was very short and soft
e mi sono sdraiato su di esso per dormire
and I laid down on it to sleep
Ho dormito più sano che mai in vita mia
I slept sounder than ever I did in my life

Quando mi svegliai la luce del giorno si era appena rotta
When I woke daylight had just broken
Ho tentato di alzarmi, ma non ci sono riuscito
I attempted to rise, but could not
Mi era capitato di addormentarmi sulla schiena
I had happened to fall asleep on my back
e ora le mie braccia e le mie gambe erano fissate a terra
and now my arms and legs were fastened to the ground

e anche i miei capelli, lunghi e folti, erano legati
and my hair, which was long and thick, was tied down too
Potevo solo guardare verso l'alto
I could only look upwards
Il sole cominciò a diventare caldo
The sun began to grow hot
e la luce mi faceva male agli occhi
and the light hurt my eyes
Ho sentito un rumore confuso intorno a me
I heard a confused noise around me
ma non riusciva a vedere altro che il cielo
but could see nothing except the sky
In poco tempo ho sentito qualcosa di vivo
In a little time I felt something alive
si muoveva sulla mia gamba sinistra
it was moving on my left leg
avanzò delicatamente sul mio petto
it gently advanced over my chest
e poi è arrivato quasi fino al mio mento
and then it came almost up to my chin
Guardai giù come potevo
I looked down as well as I could
e ho percepito quella che sembrava una piccola creatura umana
and I perceived what looked like a little human creature
Non avrebbe potuto essere più alto di sei pollici
it could not have been more than six inches high
aveva arco e frecce tra le mani
it had a bow and arrow in his hands
Nel frattempo ne sentivo almeno un'altra quarantina.
In the meantime I felt at least another forty of them

Stavano seguendo il primo omino
they were following the first little man
Ero nel massimo stupore
I was in the utmost astonishment
Ho ruggito così forte che tutti sono corsi indietro spaventati.
I roared so loud that they all ran back in a fright
e alcuni di loro sono stati feriti saltando giù dai miei lati
and some of them were hurt from jumping off me sides
Tuttavia, presto tornarono
However, they soon returned
e uno di loro si avventurò abbastanza lontano da vedere la mia faccia
and one of them ventured far enough to see my face
Alzò le mani in segno di ammirazione
he lifted up his hands in admiration
Metto tutto questo mentre sono in grande disagio
I lay all this while in great uneasiness
ma alla fine, ho lottato per liberarmi
but at length, I struggled to get loose
e alla fine sono riuscito a rompere le corde
and finally I succeeded in breaking the strings
il mio braccio sinistro era ora libero
my left arm was now free
poi ho dato una violenta spinta con la testa
next I gave a violent pull with my head
Questo ha dato ai miei capelli un grande dolore
this gave my hair great pain
ma ho allentato un po' le corde intorno ai capelli
but I loosened the strings around my hair a little
ora ero in grado di girare la testa di circa due pollici

now I was able to turn my head about two inches
Ma le creature scapparono una seconda volta
But the creatures ran off a second time
e non ho avuto la possibilità di coglierli
and I had not chance to seize them
Tutto ciò provocò un grande clamore da parte del piccolo popolo
all this caused a great uproar from the little people
in un attimo ho sentito più di cento frecce
in an instant I felt more than a hundred arrows
Avevano scoccato le loro piccole frecce alla mia mano sinistra
they had shot their little arrows at my left hand
mi hanno punzecchiato come tanti aghi
they pricked me like so many needles
Inoltre, hanno sparato un altro attacco in aria
Moreover, they shot another attack into the air
alcuni di questi mi sono caduti sul viso
some of these fell on my face
Mi coprivo subito il viso con la mano sinistra
I immediately covered my face with my left hand
Quando questa pioggia di frecce finì, gemevo di dolore e di dolore.
When this shower of arrows was over I groaned with grief and pain
Ho provato di nuovo a liberarmi
I tried again to get loose
e scaricarono un altro volo di frecce più grande del primo
and they discharged another flight of arrows larger than the first

e alcuni di loro hanno cercato di pugnalarmi con le loro lance
and some of them tried to stab me with their spears
ma per fortuna avevo addosso una giacca di pelle
but by good luck I had on a leather jacket
non c'era modo che potessero perforarlo
there was no way they could pierce it
A questo punto pensai che fosse più prudente stare fermo fino a notte fonda.
By this time I thought it most prudent to lie still till night
la mia mano sinistra era già libera
my left hand was already free
Potrei facilmente liberarmi più tardi
I could easily free myself later
Gli abitanti non mi preoccupavano molto
the inhabitants didn't really worry me
Ero sicuro che sarei stato più forte del loro più grande esercito
I was sure I would be stronger than their greatest army
purché fossero tutti della stessa dimensione
as long as they were all the same size

la gente osservava che ero tranquillo
the people observed that I was quiet
così non scaricarono più frecce
so they discharged no more arrows
ma sapevo che stavano aumentando di numero
but I knew that they were increasing in numbers
perché potevo sentire la dimensione della folla crescere
because I could hear the size of the crowd growing
A circa quattro metri da me c'era un bussare

about four yards from me there was a knocking
Questo bussare è durato per la maggior parte di un'ora
this knocking lasted for the better part of an hour
Devono essere stati al lavoro, facendo qualcosa
they must have been at work, making something
Ho girato la testa verso il rumore come meglio potevo
I turned my head towards the noise as well as I could
i pioli e le corde mi limitavano ancora
the pegs and strings still restricted me
era stato allestito un palcoscenico
a stage had been set up
Era a circa un piede e mezzo da terra
it was about a foot and a half from the ground
due o tre scale sono state montate su di esso
two or three ladders were mounted to it
Qualcuno era in piedi sul palco
someone was standing on the stage
Sembravano essere una persona di qualità
they seemed to be a person of quality
e stavano facendo un lungo discorso
and they were making a long speech
Non riuscivo a capirne una parola.
I could not understand a word of it
ma potevo capire dal suo modo di fare quello che stava dicendo
but I could tell from his manner what he was saying
A volte mi minacciava
sometimes he was threatening me
altre volte parlava con pietà e gentilezza
at other times he spoke with pity and kindness
Ho risposto in poche parole

I answered in few words
ma ho fatto in modo di essere il più sottomesso possibile
but I made sure to be as submissive as possible
ormai ero quasi affamato di fame
by now I was almost famished with hunger
e sapevo di dipendere dalla loro gentilezza
and I knew I had come to depend on their kindness
Non ho potuto fare a meno di mostrare la mia impazienza
I could not help showing my impatience
Mettevo spesso il dito alla bocca, per significare che volevo del cibo.
I put my finger frequently to my mouth, to signify that I wanted food
Mi capiva molto bene
He understood me very well
e scese dal palco
and he descended from the stage
Ordinò che diverse scale fossero messe contro i miei fianchi.
he commanded several ladders to be put against my sides
Più di un centinaio di abitanti salirono le scale
more than a hundred of the inhabitants climbed up the ladders
e camminarono verso la mia bocca con cesti pieni di cibo
and they walked toward my mouth with baskets full of food
C'erano gambe e spalle di montone
There were legs and shoulders of mutton
ma erano più piccoli delle ali di un'allodola

but they were smaller than the wings of a lark
Li ho mangiati due o tre a un boccone
I ate them two or three at a mouthful
e ho preso tre pani alla volta
and I took three loaves at a time
Mi hanno fornito il più velocemente possibile
They supplied me as fast as they could
e si meravigliarono del mio appetito
and they marvelled at my appetite
Poi ho fatto segno che volevo qualcosa da bere
I then made a sign that I wanted something to drink
Hanno intuito che una piccola quantità non mi sarebbe bastata
They guessed that a small quantity would not suffice me
Così mi hanno portato il loro barile più grande
so they brought me their largest barrel
l'hanno fatto rotolare verso la mia mano
they rolled it towards my hand
e poi mi hanno aperto il top
and then they opened the top for me
L'ho bevuto tutto d'un fiato
I drank it in one gulp
perché non conteneva più di mezza pinta
because it did not hold more than half a pint
Mi hanno portato un secondo barile
They brought me a second barrel
Ho bevuto anche questo barile
I drank this barrel also
e ho fatto segni per di più
and I made signs for more
ma non avevano altro da darmi

but they had no more to give me
Non potevo fare a meno di chiedermi quanto fossero audaci queste piccole persone.
I could not but wonder how daring these tiny people were
Si avventurarono a montare e camminare sul mio corpo
they ventured to mount and walk upon my body
e sapevano che la mia mano era libera
and they knew my hand was free
ma nonostante questo non hanno mai tremato una volta
but despite this they never trembled once
anche se dovevo sembrare loro una creatura enorme
even though I must have seemed a huge creature to them

Dopo qualche tempo arrivò una persona di alto rango
After some time a person of high rank came
era di Sua Maestà Imperiale
he was from his Imperial Majesty
Sua Eccellenza ha montato la mia gamba destra
His Excellency mounted my right leg
e poi avanzò verso il mio viso
and then he advanced to my face
Circa una dozzina dei suoi uomini lo seguirono
about a dozen of his men followed him
Parlò per una decina di minuti
he spoke for about ten minutes
spesso puntava nella stessa direzione
he often pointed in the same direction
in seguito ho scoperto che questo era verso la capitale
afterwards I found this was towards the capital city
Era a circa mezzo miglio da dove eravamo
it was about half a mile from where we were

Sua Maestà aveva comandato che io fossi trasportato
his Majesty had commanded that I should be carried
Ho fatto un segno con la mano che era sciolta
I made a sign with my hand that was loose
ma ho fatto in modo di non ferire Sua Eccellenza
but I made sure not to hurt his Excellency
e ho mostrato che desideravo essere liberato
and I showed that I desired to be freed
Sembrava capirmi abbastanza bene
He seemed to understand me well enough
perché scosse la testa
because he shook his head
ma ha fatto anche altri segni
but he made other signs too
Questo mi fa sapere che ci sarebbe abbastanza cibo e bevande
this let me know there would be enough food and drink
e mi è stato promesso un ottimo trattamento
and I was promised very good treatment
Pensai ancora una volta di tentare di scappare
I thought once more of attempting to escape
ma poi mi sono ricordato delle ferite delle loro frecce
but then I remembered the wounds from their arrows
Il mio viso e la mia mano erano coperti di vesciche
my face and hand were covered in blisters
e osservai che il numero dei miei nemici era aumentato
and I observed that the number of my enemies had increased
Ho dato un segno per mostrare che avevano il mio permesso
I gave a sign to show they had my permission

potevano fare di me ciò che volevano.
they could do with me as they pleased
Poi mi hanno strofinato il viso e le mani con un unguento profumato
Then they rubbed my face and hands with a sweet-smelling ointment
In pochi minuti tutto il dolore era sparito
in a few minutes all the pain was gone
Il sollievo dal dolore e dalla fame mi rendeva assonnato
The relief from pain and hunger made me drowsy
e mi addormentai di nuovo
and I fell asleep again
Ho dormito circa otto ore, come mi è stato detto in seguito
I slept about eight hours, as I was told afterwards
e non è stato sorprendente
and it was not surprising
Avevano mescolato una medicina addormentata nella botte di vino
they had mingled a sleeping medicine into the barrel of wine

Sembra che l'imperatore fosse stato ben informato del mio arrivo
It seems that the emperor had been well informed of my arrival
mi avevano notato arrivare sulla loro isola
they had noticed me coming onto their island
e devono avermi seguito di nascosto
and they must have followed me secretly
quando mi addormentai si era deciso di legarmi

when I fell asleep it had been decided to tie me up
ma avevano anche preparato il cibo e le bevande con largo anticipo
but they had also prepared the food and drink well in advance
e una macchina era stata preparata per portarmi nella capitale
and a machine had been prepared to carry me to the capital city
Cinquecento carpentieri e ingegneri furono impiegati
Five hundred carpenters and engineers were employed
Si misero subito al lavoro per preparare il motore
they immediately set to work to prepare the engine
Era una cornice di legno
It was a frame of wood
Lo sollevarono di tre centimetri da terra
they raised it three inches from the ground
ed era lungo circa sette piedi e largo quattro
and it was about seven feet long, and four wide
si muoveva su ventidue ruote
it moved upon twenty-two wheels
Ma la difficoltà è stata quella di mettermi su di esso
But the difficulty was to put me on it
Ottanta pali sono stati eretti per questo scopo
Eighty poles were erected for this purpose
e corde molto forti erano fissate alle bende
and very strong cords were fastened to bandages
Gli operai li avevano legati intorno a me
the workmen had tied these around me
intorno al collo, alle mani, al corpo e alle gambe
around my neck, hands, body, and legs

Novecento degli uomini più forti furono poi rastrellati.
Nine hundred of the strongest men were then rounded up
hanno tirato queste corde con pulegge
they pulled these cords with pulleys
Trasferirmi sulla piattaforma ha richiesto meno di tre ore
moving me onto the platform took less than three hours
e lì mi legarono di nuovo
and there they tied me again
Millecinquecento dei cavalli più grandi dell'imperatore furono radunati
Fifteen hundred of the Emperor's largest horses were rounded up
Ogni cavallo era alto circa quattro pollici e mezzo
each horse was about four inches and a half high
e sono stati poi impiegati per tirarmi verso la capitale
and they were then employed to pull me towards the capital
Ma mentre tutto questo veniva fatto, giacevo in un sonno profondo.
But while all this was done I lay in a deep sleep
e non mi sono svegliato fino a quattro ore dopo aver iniziato il nostro viaggio
and I did not wake till four hours after we began our journey

Avevamo finalmente raggiunto la capitale
we had finally reached the capital
L'imperatore e tutta la sua corte ci vennero incontro
The Emperor and all his Court came out to meet us
ma non avrebbero rischiato la vita dell'imperatore

but they would not risk the Emperor's life
così non è andato sul mio corpo
so he did not go onto my body
Ci siamo fermati vicino alla grande porta della città
we stopped near the great gate of the city
Qui sorgeva un antico tempio
here there stood an ancient temple
Presumibilmente questo era il più grande tempio di tutto il regno
supposedly this was the largest temple in the whole kingdom
e qui fu deciso che avrei dovuto alloggiare
and here it was determined that I should lodge
Potrei facilmente insinuarmi attraverso la grande porta, se mi volessero nella loro città
I could easily creep through the great gate, if they wanted me in their city
mi hanno fissato novantuno catene
they fixed ninety-one chains to me
catene come quelle che si appendono all'orologio di una signora
chains like those which hang to a lady's watch
e mi hanno bloccato la gamba sinistra con trentasei lucchetti
and they locked my left leg with thirty-six padlocks
Gli operai decisero che era impossibile per me liberarmi
the workmen determined it was impossible for me to break loose
e poi hanno tagliato tutte le corde che mi legavano
and then they cut all the strings that bound me

Mi sono alzato per la prima volta da quando avevo dormito sull'isola
I rose up for the first time since I had slept on the island
e mi sentivo malinconico come non avevo mai avuto in vita mia
and I felt as melancholy as I ever had in my life
Il rumore e lo stupore della gente erano inesprimibili
the noise and astonishment of the people was inexpressible
Non avevano mai visto qualcosa di così grande alzarsi in piedi
they had never seen something so big stand up
Le catene che tenevano la mia gamba sinistra erano lunghe circa due metri
The chains that held my left leg were about two yards long
Avevo abbastanza libertà per camminare in semicerchio
I had enough freedom to walk in a semicircle
e potevo quasi giacere a tutta lunghezza all'interno del tempio
and I could just about lie at full length inside the temple
L'imperatore avanzò verso di me tra i suoi cortigiani.
The Emperor advanced toward me from among his courtiers
Mi osservava con grande ammirazione
he surveyed me with great admiration
ma è rimasto oltre la lunghezza della mia catena
but he stayed beyond the length of my chain
Era più alto del resto dei suoi uomini
He was taller than the rest of his men
ma solo di circa la lunghezza di mezza unghia
but only by about the length of half a fingernail

Questo da solo è stato sufficiente per infondere soggezione negli spettatori
this alone was enough to strike awe into the beholders
Per meglio vederlo, mi sdraio su un fianco
The better to behold him, I lay down on my side
in modo che la mia faccia fosse all'altezza della sua
so that my face was level with his
e si fermò a tre metri di distanza
and he stood three yards off
Tuttavia, l'ho avuto in mano molte volte da allora.
However, I have had him in my hand many times since then
e quindi non posso essere ingannato
and therefore I cannot be deceived
Il suo vestito era molto semplice
His dress was very simple
ma indossava un elmo leggero d'oro
but he wore a light helmet of gold
era ornato di gioielli e un pennacchio
it was adorned with jewels and a plume
Teneva la spada sguainata in mano, per difendersi se mi fossi liberato
He held his sword drawn in his hand, to defend himself if I should break loose
Era lungo quasi tre pollici
it was almost three inches long
e l'elsa era d'oro, arricchita di diamanti
and the hilt was of gold, enriched with diamonds
La sua voce era stridula, ma molto chiara
His voice was shrill, but very clear
Sua Maestà Imperiale mi parlava spesso

His Imperial Majesty spoke often to me
e gli risposi come meglio potevo
and I answered him as best I could
ma nessuno di noi riusciva a capire una parola
but neither of us could understand a word

Capitolo secondo
Chapter Two

Dopo circa due ore la Corte è andata in pensione
After about two hours the Court retired
Mi è stata data una forte guardia
I was given a strong guard
Teneva la folla a distanza
he kept the crowd at a distance
Una parte della folla era piuttosto impudente
some of the crowd was rather impudent
Mi sedetti vicino alla porta di casa mia
I sat by the door of my house
e mi lanciano le loro frecce
and they shoot their arrows at me
Ma il colonnello ordinò che sei di loro fossero sequestrati.
But the colonel ordered six of them to be seized
li aveva legati con spago
he had them tied up with string
e li consegnò nelle mie mani
and he delivered them into my hands
Ne ho messi cinque nella tasca del cappotto
I put five of them into my coat pocket
il sesto uomo che tenevo davanti a me
the sixth man I held in front of me
poi ho fatto una faccia come se volessi mangiarlo
then I made a face as if I would eat him
Il pover'uomo urlò terribilmente
The poor man screamed terribly
e il colonnello e i suoi ufficiali erano molto angosciati

and the colonel and his officers were much distressed
sono diventati ancora più preoccupati quando ho tirato fuori il mio temperino
they grew even more concerned when I took out my penknife
Ma presto ho messo le loro menti a proprio agio
But I soon set their minds at ease
Ho tagliato le corde con cui era legato
I cut the strings he was bound with
e lo misi delicatamente a terra
and I put him gently on the ground
Da lì correva più veloce che poteva
from there he ran as fast as he could
Ho trattato il resto allo stesso modo
I treated the rest in the same manner
Li ho presi uno ad uno dalla tasca
I took them one by one out of my pocket
alla terza volta che l'ho fatto la folla ha visto l'umorismo
by the third time I did it the crowd saw the humour
e tutti erano felici di questo segno della mia gentilezza
and all were delighted at this mark of my kindness

Verso notte mi ritirai a dormire
Toward night I retired to sleep
Sono entrato nei miei alloggi con qualche difficoltà
I got into my lodgings with some difficulty
e qui mi sono sdraiato a terra
and here I lay on the ground
Ho dovuto farlo per una quindicina di giorni
I had to do so for a fortnight

Un letto era ancora in preparazione per me
a bed was still being prepared for me
era fatto di seicento letti ordinari
it was being made of six hundred ordinary beds
altrettanti servitori mi sono stati assegnati.
just as many servants were appointed to me
e trecento sarti mi hanno fatto un abito di vestiti
and three hundred tailors made me a suit of clothes
Inoltre, mi sono stati dati sei dei più grandi studiosi di Sua Maestà
Moreover, I was given six of his Majesty's greatest scholars
Sono stati assunti per insegnarmi la loro lingua
they were employed to teach me their language
presto fui in grado di conversare un po 'con l'imperatore
soon I was able to converse a little with the Emperor
Mi ha spesso onorato con le sue visite
he often honoured me with his visits
prima ho imparato a dire che volevo la mia libertà
first I learned how to say I wanted my liberty
ogni giorno lo ripetevo in ginocchio
every day I repeated it on my knees
ma lui rispose che ci sarebbe voluto del tempo
but he answered that it would take time
prima devo giurare pace con lui e il suo regno
first I must swear a peace with him and his kingdom

C'era anche una legge della nazione:
there was also a law of the nation:
Devo essere perquisito da due dei suoi ufficiali

I must be searched by two of his officers
Questo non potrebbe essere fatto senza il mio aiuto
this could not be done without my help
si fidava di loro nelle mie mani
he trusted them in my hands
e mi è stato promesso che tutto ciò che mi hanno tolto sarebbe stato restituito
and I was promised all they took from me would be returned
quando lascio il paese
when I leave the country
Ho preso i due ufficiali
I took up the two officers
e li metto nelle tasche del cappotto
and I put them into my coat pockets
I signori avevano carta e penna con loro
The gentlemen had pen and paper with them
e hanno fatto una lista esatta di tutto ciò che hanno visto
and they made an exact list of everything they saw
Ho tradotto le loro note nella nostra lingua
I translated their notes into our language
"siamo entrati nella tasca destra del cappotto dell'Uomo-Montagna"
"we went into the right coat pocket of the Man-Mountain"
"Qui abbiamo trovato solo un grande pezzo di stoffa grossolana"
"here we found only one great piece of coarse cloth"
"Abbastanza grande da tappezzare la stanza più grande del castello"
"large enough to carpet the largest room of the castle"

"**Nella tasca sinistra abbiamo visto un'enorme cassa d'argento**"
"In the left pocket we saw a huge silver chest"
"**Aveva una copertina d'argento su di esso**"
"it had a silver cover on it"
"**ma non siamo riusciti ad aprirlo**"
"but we could not open it"
"**Abbiamo chiesto all'uomo gigante di aprire il forziere**"
"we asked the giant man to open the chest"
"**Uno di noi è entrato**"
"one of us stepped into it"
"**Era fino alle gambe in una sorta di polvere**"
"he was up to his legs in a sort of dust"
"**Un po' di polvere ci è volata in faccia**"
"some of the dust flew into our faces"
"**e la polvere ci ha mandato entrambi in un attacco di starnuti**"
"and the dust sent us both into a fit of sneezing"
"**Poi siamo andati alla tasca destra del gilet**"
"then we went to his right waistcoat pocket"
"**Qui abbiamo trovato un certo numero di sostanze sottili bianche**"
"here we found a number of white thin substances"
"**Erano piegati l'uno sull'altro**"
"they were folded one over the other"
"**Ognuno aveva all'incirca le dimensioni di tre uomini**"
"each was about the size of three men"
"**Erano legati con un cavo forte**"
"they were tied with a strong cable"
"**ed erano contrassegnati con figure nere**"

"and they were marked with black figures"
"Supponiamo umilmente che sia il loro sistema di scrittura"
"we humbly assume it is their writing system"
"A sinistra c'era una specie di motore"
"In the left there was a sort of engine"
"Nella parte posteriore del motore c'erano venti lunghi pali"
"at the back of the engine there were twenty long poles"
"Supponiamo che questo sia il modo in cui l'uomo-montagna si pettina i capelli"
"we assume this is how the man-mountain combs his hair"
"Poi siamo andati nella tasca più piccola sul lato destro"
"then we went into the smaller pocket on the right side"
"Qui c'erano diversi pezzi piatti rotondi di metallo"
"here there were several round flat pieces metal"
"Alcuni di loro sembravano essere d'argento"
"some of them appeared to be silver"
"Ma erano così grandi che non potevamo sollevarli"
"but they were so large we could not lift them"
"Da un'altra tasca pendeva un'enorme catena d'argento"
"From another pocket hung a huge silver chain"
"Alla fine della catena c'era un meraviglioso tipo di motore"
"at the end of the chain was a wonderful kind of engine"
"Un globo mezzo d'argento e mezzo di metallo trasparente"
"a globe half silver and half of some transparent metal"
"Sul lato trasparente abbiamo visto certe strane figure"

"on the transparent side we saw certain strange figures"
"Pensavamo di poterli toccare"
"we thought we could touch them"
"Ma abbiamo scoperto che le nostre dita erano fermate dalla sostanza splendente"
"but we found our fingers were stopped by the shining substance"
"Questo motore faceva un rumore incessante"
"This engine made an incessant noise"
"Sembrava un mulino ad acqua"
"it sounded like a water-mill"
"o è qualche animale sconosciuto o il loro Dio"
"it is either some unknown animal or their God"
"Probabilmente è la seconda"
"it is probably the latter"
"Perché ci ha detto che si riferisce sempre ad esso"
"because he told us that he always refers to it"
"Questa è una lista di ciò che abbiamo trovato sull'Uomo-Montagna"
"This is a list of what we found on the Man-Mountain"
"Va detto che ci ha trattato con grande civiltà"
"it should be said that he treated us with great civility"
Avevo anche una tasca privata che è sfuggita alla loro ricerca
I also had one private pocket which escaped their search
conteneva un paio di occhiali
it contained a pair of spectacles
e aveva anche un piccolo vetro spia
and it also had a small spy-glass
ma questi non avevano alcuna conseguenza per l'imperatore

but these were of no consequence to the Emperor
quindi non ho sentito di doverlo menzionare
so I did not feel I had to mention it

Capitolo terzo
Chapter Three

La mia dolcezza si guadagnò la fiducia dell'imperatore
My gentleness gained the trust of the Emperor
e anche la gente in generale se ne è accorta
and the people in general noticed it too
Cominciai ad avere speranze di ottenere presto la mia libertà.
I began to have hopes of getting my liberty soon
I nativi lentamente divennero meno timorosi di me
The natives slowly became less fearful of me
A volte tenevo la mano per i bambini
I would sometimes hold my hand out for the children
e ne lasciavo ballare cinque o sei sulla mano
and I would let five or six of them dance on my hand
Alla fine hanno persino giocato a nascondino nei miei capelli
in the end they even played hide-and-seek in my hair
I cavalli dell'esercito non erano più timidi
The horses of the army were no longer shy
Ogni giorno venivano condotti davanti a me.
each day they were led past me
un giorno decisi di divertire l'imperatore
one day I decided to amuse the Emperor
Ho preso nove piccoli bastoncini
I took nine small sticks
e li fissarono saldamente nel terreno in un quadrato
and fixed them firmly in the ground in a square
Poi ho preso altri quattro bastoncini
Then I took four other sticks

Li ho legati parallelamente ad ogni angolo
I tied them parallel to each corner
questo l'ho sollevato a circa due piedi da terra
this I raised about two feet from the ground
e tutti i bastoni spiccavano dal terreno
and all the sticks stood out of the ground
Ho fissato il mio fazzoletto ai nove bastoncini
I fastened my handkerchief to the nine sticks
e ho steso il fazzoletto su tutti i lati
and I extended the handkerchief on all sides
finché non era teso come un tamburo
till it was as taut as a drum
Ho invitato una truppa dei suoi migliori cavalli sul baldacchino
I invited a troop of his best horses onto the canopy
Potrebbero fare le loro esibizioni su di esso
they could do their performances on it
Sua maestà ha approvato la proposta
His majesty approved of the proposal
e li ho presi uno per uno
and I took them up one by one
e ogni ufficiale si avvicinò con il suo cavallo
and each officer came up with his horse
Appena entrati in ordine si sono divisi in due partiti.
As soon as they got into order they divided into two parties
hanno scaricato frecce smussate
they discharged blunt arrows
Sguainarono le spade e combatterono
they drew their swords and battled
Sono fuggiti e si sono inseguiti l'un l'altro proprio come in guerra

they fled and pursued each other just like in war
hanno mostrato la migliore disciplina militare che abbia mai visto
they showed the best military discipline I ever seen
l'imperatore era molto felice dell'intrattenimento
the Emperor was very much delighted with the entertainment
e ordinò che fosse ripetuto più volte
and he ordered it to be repeated several times
abbiamo persino convinto l'imperatrice a lasciarmi tenere la sua sedia
we even persuaded the Empress to let me hold her in her chair
In questo modo ha potuto vedere la performance dall'alto
this way she could see the performance from above
Fortunatamente non si è verificato alcun incidente grave
Fortunately no serious accident happened
Una volta un cavallo di temperamento ha fatto un buco nel mio fazzoletto
once a temperamental horse struck a hole in my handkerchief
Ha rovesciato il suo cavaliere e se stesso
he overthrew his rider and himself
Ma li ho subito aiutati entrambi
But I immediately helped them both up
e ho coperto il buco con una mano
and I covered the hole with one hand
Ho deposto la truppa come l'avevo presa
I set down the troop as I had taken them up

Il cavallo caduto aveva teso la spalla
The horse that fell had strained its shoulder
ma il pilota non è rimasto ferito
but the rider was not hurt
e ho riparato il mio fazzoletto come ho potuto
and I repaired my handkerchief as well as I could
Tuttavia, non mi fidavo più della sua forza
However, I didn't trust the strength of it any more

Avevo fatto molti appelli per la mia libertà
I had made many pleas for my liberty
Sua Maestà ha persino tenuto una riunione per questo.
his Majesty even held a meeting for it
L'idea non è stata contrastata da nessuno tranne uno
the notion was opposed by none except one
Skyresh Bolgolam, l'ammiraglio del regno
Skyresh Bolgolam, the admiral of the realm
aveva deciso di farsi mio nemico
he had decided to make himself my enemy
Lo ha fatto senza alcuna provocazione
he did so without any provocation
Tuttavia, alla fine ha accettato di lasciarmi libero
However, he finally agreed to let me free
ma riuscì a formulare alcune condizioni
but he succeeded in drawing up some conditions
Queste condizioni mi sono state lette
these conditions were read to me
e ho dovuto promettere di seguire i loro ordini
and I had to promise to follow their orders
Questa promessa è stata fatta nel loro modo tradizionale

this promise was made in their traditional way
Dovevo tenere il piede destro nella mano sinistra
I had to hold my right foot in my left hand
e ho dovuto mettere il dito medio sulla mia testa
and I had to place my middle finger on my head
il mio pollice doveva essere sulla parte superiore dell'orecchio destro
my thumb had to be on the top of my right ear
e poi ho dovuto ripetere le loro condizioni
and then I had to repeat their conditions
Ho fatto una traduzione delle condizioni:
I have made a translation of the conditions:
"Golbaste Mamarem Evlame Gurdile Shefin Mully Ully Gue"
"Golbaste Mamarem Evlame Gurdile Shefin Mully Ully Gue"
"Potentissimo imperatore di Lilliput"
"Most Mighty Emperor of Lilliput"
"Delizia e terrore dell'universo"
"delight and terror of the universe"
"I suoi domini si estendono fino ai confini del globo"
"his dominions extends to the ends of the globe"
"monarca di tutti i monarchi"
"monarch of all monarchs"
"più alto dei figli degli uomini"
"taller than the sons of men"
"I suoi piedi premono verso il centro della terra"
"his feet press down to the centre of the earth"
"e la sua testa colpisce contro il sole"
"and his head strikes against the sun"
"Al suo cenno i principi della terra scuotono le

ginocchia"
"at his nod the princes of the earth shake their knees"
"Piacevole come la primavera"
"as pleasant as the spring"
"Confortevole come l'estate"
"as comfortable as the summer"
"fruttuoso come l'autunno"
"as fruitful as autumn"
"Terribile come l'inverno"
"as dreadful as winter"
"Sua Sublime Maestà offre all'Uomo-Montagna"
"His Most Sublime Majesty offers to the Man-Mountain"
"Colui che ultimamente è arrivato ai nostri Domini Celesti"
"the one who lately arrived at our celestial dominions"
"con giuramento solenne egli è tenuto a compiere quanto segue"
"by a solemn oath he shall be obliged to perform the following"

"Primo. L'Uomo-Montagna ha bisogno del permesso di lasciare i nostri domini"
"First. The Man-Mountain needs permission to depart from our dominions"
""Secondo. Ha bisogno del permesso per entrare nella nostra metropoli"
""Second. He needs permission to come into our metropolis"
"Gli abitanti avranno due ore di preavviso prima che ciò accada"
"the inhabitants shall have two hours' warning before this

happens"

"Terzo. L'Uomo-Montagna limiterà le sue passeggiate alle nostre autostrade
"Third. The Man-Mountain shall confine his walks to our highways

"Non può camminare o sdraiarsi in un prato o in un campo di grano"
"he can't walk or lie down in a meadow or field of corn"

"Quarto. deve stare attento a non calpestare il nostro popolo"
"Fourth. he must take care not to trample on our people"

"Deve prendere le stesse precauzioni per i nostri cavalli e carrozze"
"he must take the same precautions for our horses and carriages"

"E deve chiedere il permesso di prendere qualcuno"
"and he must ask permission to pick anyone up"

"Quinto. Se abbiamo bisogno di messaggi da inviare, l'Uomo-Montagna ci aiuterà"
"Fifth. If we require messages to be sent the Man-Mountain will help us"

"Egli metterà il messaggero e il cavallo in tasca"
"he will put the messenger and the horse in his pocket"

"Li porterà per sei giorni"
"he will carry them for six days"

"E restituirà il messaggero, se necessario"
"and he will return the messenger, if so required"

"Sesto. Egli sarà nostro alleato contro i nostri nemici"
"Sixth. He shall be our ally against our enemies"

"gli isolani di Blefuscu"
"the islanders of Blefuscu"

"e farà del suo meglio per distruggere la loro flotta"
"and he will do his utmost to destroy their fleet"
"Perché ora si preparano a invaderci"
"because they are now preparing to invade us"
"Infine. Se l'Uomo-Montagna mantiene il suo giuramento:"
"Lastly. If the Man-Mountain keeps his oath:"
"Avrà un'indennità giornaliera di carne e bevande"
"he will have a daily allowance of meat and drink"
"sufficiente per il sostegno di millesettecentoventiquattro del nostro popolo"
"sufficient for the support of one thousand seven hundred and twenty four of our people"
"Avrà libero accesso alla nostra persona reale"
"he will have free access to our royal person"
"E otterrà molti favori da noi"
"and he will gain many favours from us"
"Dichiarato nel nostro palazzo a Belfaburac"
"Declared at our palace at Belfaburac"
"Il dodicesimo giorno della novantunesima luna del nostro regno"
"the twelfth day of the ninety-first moon of our reign"
Ho giurato a queste condizioni con grande allegria
I swore to these conditions with great cheerfulness
poi le mie catene sono state immediatamente sbloccate
then my chains were immediately unlocked
ed ero in piena libertà
and I was at full liberty

Avevo avuto circa quindici giorni della mia libertà
I had had about a fortnight of my freedom

poi una mattina Reldresal vieni da me
then one morning Reldresal come to me
è il segretario dell'imperatore per gli affari privati
he is the Emperor's secretary for private affairs
era assistito da un solo servitore.
he was attended only by one servant
Ordinò al suo servo di aspettare a distanza
He ordered his servant to wait at a distance
e mi ha chiesto un'ora della mia attenzione
and he asked me for an hour of my attention
Mi sono offerto di sdraiarmi per lui
I offered to lie down for him
In questo modo potrebbe trovare più facile raggiungere il mio orecchio
this way he might find it easier to reach my ear
ma ha scelto di lasciarmi tenere in mano
but he chose to let me hold him in my hand
Ha iniziato con i complimenti per la mia libertà
He began with compliments on my liberty
ma aggiunse che ero fortunato ad essere liberato
but he added that I was lucky to to be freed
"Le cose possono sembrare fiorenti per gli stranieri"
"things may seem flourishing to foreigners"
"Ma siamo in pericolo di invasione"
"but we are in danger of an invasion"
"c'è un'altra isola chiamata Blefuscu"
"there is another island called Blefuscu"
"Su quest'isola c'è l'altro grande impero dell'universo"
"on this island is the other great empire of the universe"
"È grande e potente quasi quanto il nostro regno"
"it is almost as large and powerful as our kingdom"

"So che hai detto che ci sono altri regni"
"I know you've said there are other kingdoms"
"Regni abitati da creature umane grandi come te"
"kingdoms inhabited by human creatures as large as yourself"
"Ma i nostri filosofi sono molto dubbiosi"
"but our philosophers are very doubtful"
"Pensano che tu sia caduto dalla luna"
"they think that you dropped from the moon"
"O forse sei venuto da una delle stelle"
"or perhaps you've come from one of the stars"
"Perché non ci sarebbe spazio per cento voi"
"because there would not be space for a hundred you"
"Distruggeresti rapidamente tutta la frutta e il bestiame"
"you would quickly destroy all the fruit and cattle"
"e non sarebbe rimasto nulla dei domini di Sua Maestà"
"and there would be nothing left of his Majesty's dominions"
"Inoltre, abbiamo guardato alla nostra storia"
"Besides, we have looked at our history"
"Abbiamo record di oltre seimila lune"
"we have records of over six thousand moons"
"e non fanno menzione di altre regioni"
"and they make no mention of any other regions"
"Tutto ciò di cui si scrive sono due potenti imperi"
"all that is written of are two mighty empires"
"c'è Lilliput e c'è Blefuscu"
"there is Lilliput and there is Blefuscu"
"comunque, stavo per parlarti di Blefuscu"

"anyway, I was about to tell you of Blefuscu"
"Sono impegnati in una guerra ostinata"
"they are engaged in a most obstinate war"
"È iniziato nel modo seguente"
"it began in the following manner"
"In passato le leggi erano molto diverse"
"in the past the laws were quite different"
"Si poteva rompere un uovo come volevi"
"one could break an egg any way you liked"
"Si potrebbe anche rompere l'uovo all'estremità più grande"
"one could even break the egg at the larger end"
"Il bisnonno dell'attuale maestà era un giovane ragazzo"
"the present majesty's great grandfather was a young boy"
"Stava rompendo un uovo nel modo tradizionale"
"he was breaking an egg in the traditional way"
"Gli è capitato di rompere l'uovo all'estremità più grande"
"he happened to be breaking the egg at the larger end"
"E da questo gli capitò di tagliarsi un dito"
"and from this he happened to cut one of his finger"
"Dopo questo suo padre cambiò la legge"
"after this his father changed the law"
(suo padre era l'imperatore all'epoca)
(his father was the emperor at the time)
"Da quel momento in poi abbiamo dovuto rompere le uova dall'estremità più piccola"
"from then on we had to break eggs from the smaller end"
"Il popolo si è risentito di questa legge"
"The people resented this law"

"e ci sono state sei ribellioni a causa di esso"
"and there have been six rebellions due to it"
"Un imperatore ha perso la vita"
"one emperor lost his life"
"e un altro imperatore perse la sua corona"
"and another emperor lost his crown"
"Abbiamo fatto calcoli dai nostri libri di storia"
"we have made calculations from our history books"
"Undicicento persone hanno infranto la legge"
"eleven hundred persons have broken the law"
"e l'imperatore di Blefuscu incoraggia i big-enders"
"and the Emperor of Blefuscu encourages the big-enders"
"Sono sempre fuggiti da lui per rifugiarsi"
"they have always fled to him for refuge"
"Questa sanguinosa guerra è andata avanti per sei lune e trenta"
"this bloody war has gone on for six-and-thirty moons"
"e ora i Blefuscudiani hanno equipaggiato una grande flotta di navi"
"and now the Blefuscudians have equipped a large fleet of ships"
"Si preparano ad attaccarci"
"they are preparing to attack us"
"Sua Maestà Imperiale ripone grande fiducia nella tua forza"
"his Imperial Majesty places great confidence in your strength"
"E mi ha chiesto di sottoporre il caso davanti a voi"
"and he has asked me to set the case before you"
Desideravo che il segretario presentasse il mio umile dovere all'imperatore.

I desired the secretary to present my humble duty to the Emperor
"fagli sapere che sono pronto"
"let him know that I am ready"
"Rischierò la vita per difenderlo dagli invasori"
"I will risk my life to defend him against the invaders"

Capitolo quarto
Chapter Four

poco dopo ho parlato con Sua Maestà
soon afterwards I spoke with his Majesty
Gli ho detto il mio piano
I told him my plan
Avrei sequestrato l'intera flotta nemica
I would seize the enemy's whole fleet
L'impero di Blefuscu è anche un'isola
The Empire of Blefuscu is also an island
Il canale tra le due isole è largo circa ottocento metri
the channel between the two islands is about eight hundred yards wide
Mi sono consultato con i marinai più esperti
I consulted with the most experienced seamen
e mi hanno informato sulla profondità del canale
and they informed me on the depth of the channel
Nel mezzo, con l'acqua alta, c'erano settanta glumguffs
in the middle, at high water, it was seventy glumguffs
(circa sei piedi di misura europea)
(about six feet of European measure)
Ho camminato verso la costa
I walked toward the coast
qui mi sono nascosto dietro una collina
here I hid behind a hill
e ho tirato fuori il mio vetro spia
and I took out my spy-glass
Potevo vedere la flotta nemica all'ancora
I could see the enemy's fleet at anchor
una cinquantina di uomini di guerra e altre navi

about fifty men-of-war, and other vessels
Poi sono tornato a casa mia
I then came back to my house
Ho chiesto i loro cavi e barre di ferro più forti
I asked for their strongest cables and bars of iron
Il cavo era spesso quanto il filo del pacco
The cable was about as thick as pack-thread
e le barre avevano le dimensioni di un ago da calza
and the bars had the size of a knitting-needle
Ho triplicato il cavo per renderlo più forte
I trebled the cable to make it stronger
e ho attorcigliato tre delle sbarre di ferro insieme
and I twisted three of the iron bars together
e poi ho piegato le estremità in un gancio
and then I bent the ends into a hook
Ho fatto cinquanta ganci su cavi
I made fifty hooks on cables
e sono tornato sulla costa
and I went back to the coast
Mi sono tolto il cappotto, le scarpe e le calze
I took off my coat, shoes, and stockings
e camminai in mare con la mia giacca di pelle
and I walked into the sea in my leather jacket
Questo è stato circa mezz'ora prima dell'acqua alta
this was about half an hour before high water
Ho guadato il più velocemente possibile
I waded as quick as I could
nel mezzo ho dovuto nuotare per una trentina di metri
in the middle I had to swim for about thirty yards
ma molto presto sentii di nuovo la terra
but very soon I felt the ground again

e così sono arrivato alla flotta in meno di mezz'ora
and so I arrived at the fleet in less than half an hour
Il nemico era molto spaventato quando mi vide
The enemy was very frightened when they saw me
saltarono fuori dalle loro navi e nuotarono a riva
they leaped out of their ships and swam ashore
non potevano essere meno di trentamila
there could not have been fewer than thirty thousand of them
Ho fissato un gancio al foro a prua di ogni nave
I fastened a hook to the hole at the prow of each ship
e ho legato tutte le corde insieme alla fine
and I tied all the cords together at the end

Nel frattempo il nemico scaricò diverse migliaia di frecce
Meanwhile the enemy discharged several thousand arrows
molte delle frecce conficcate nelle mie mani e nel mio viso
many of the arrows stuck in my hands and face
La mia più grande paura era per i miei occhi
My greatest fear was for my eyes
Avrei potuto essere accecato se non avessi pensato di portare i miei occhiali
I could have been blinded had I not thought of bringing my spectacles
Ho tirato fuori gli occhiali
I took out my glasses
e li fissai sul mio naso
and fastened them upon my nose
armato di tutto punto ho continuato con il mio lavoro

fully armed I went on with my work
e ho continuato ad andare nonostante le frecce
and I kept going in spite of the arrows
molte delle frecce colpirono contro i miei occhiali
many of the arrows struck against my spectacles
ma sono solo rimbalzati sul vetro
but they only bounced off the glass
Poi, prendendo il nodo in mano, ho iniziato a tirare
Then, taking the knot in my hand, I began to pull
ma non una nave si muoverebbe
but not a ship would stir
erano trattenuti dalle loro ancore
they were held by their anchors
Così la parte più audace della mia impresa è rimasta
so the boldest part of my enterprise remained
Lascio andare il cavo
I let go of the cord
e ho tirato fuori il mio fidato coltello
and I took out my trusty knife
Ho tagliato i cavi che fissavano gli ancoraggi
I cut the cables that fastened the anchors
Devo aver ricevuto più di duecento colpi
I must have received more than two hundred shots
Le mie mani e il mio viso erano coperti dalle loro frecce
my hands and face was covered in their arrows
Poi ho raccolto di nuovo i cavi
Then I collected the cables again
Questa volta tutto è stato molto più facile
this time everything was much easier
Ho portato con me cinquanta dei più grandi uomini di guerra del nemico

I pulled fifty of the enemy's largest men-of-war with me
i Blefuscudiani videro la loro flotta muoversi
the Blefuscudians saw their fleet moving
e videro che ero io a tirarlo
and they saw it was me pulling it
hanno fatto uscire un urlo sconfitto
they let out a defeated screamed
Il loro dolore e la loro disperazione erano impossibili da descrivere
their grief and despair was impossible to describe
presto fui fuori pericolo
soon I had got out of danger
e le loro frecce non potevano più raggiungermi
and their arrows couldn't reach me anymore
Mi sono fermato un po' per individuare le frecce che mi si sono conficcate nelle mani e in faccia.
I stopped awhile to pick out the arrows that stuck in my hands and face
e ho strofinato su un po 'dello stesso unguento che mi è stato dato al mio arrivo
and I rubbed on some of the same ointment that was given me at my arrival
Poi mi sono tolto gli occhiali
I then took off my spectacles
Ho aspettato che la marea calasse un po '
I waited for the tide to fall a little
e ho guadato il porto reale di Lilliput
and I waded on to the royal port of Lilliput

L'imperatore e tutta la sua corte stavano sulla riva ad aspettarmi.

The Emperor and his whole Court stood on the shore awaiting me
Videro le navi avanzare in una grande mezza luna.
They saw the ships move forward in a large half-moon
ma non riuscivano a discernermi
but they could not discern me
Ero ancora in mezzo al canale
I was still in the middle of the channel
ed ero sott'acqua fino al collo
and I was under water up to my neck
L'imperatore concluse che ero annegato
The Emperor concluded that I had drowned
e pensava che la flotta nemica si stesse avvicinando in modo ostile.
and he thought that the enemy's fleet was approaching in a hostile manner
Ma la sua mente fu presto messa a suo agio
But he his mind was soon set at ease
il canale è diventato meno profondo ad ogni passo che ho fatto
the channel got shallower with every step I made
in breve tempo sono venuto a sentire
in a short time I came within hearing
Ho sollevato l'estremità del cavo con cui era fissata la flotta
I held up the end of the cable by which the fleet was fastened
ed esclamai ad alta voce:
and I exclaimed in a loud voice:
"Lunga vita all'imperatore di Lilliput!"
"Long live the Emperor of Lilliput!"

Il Principe mi ha ricevuto pieno di gioia possibile
The Prince received me full of possible joy
e mi ha fatto un Nardal sul posto
and he made me a Nardal on the spot
il più alto titolo d'onore tra loro
the highest title of honour among them
Sua Maestà voleva che tornassi
His Majesty wanted me to return
"sfruttare l'opportunità di ottenere tutte le loro navi"
"use the opportunity to get all of their ships"
"conquista l'intero impero di Blefuscu!"
"conquer the whole Empire of Blefuscu!"
allora sarebbe stato l'unico monarca del mondo
then he would be the sole monarch of the world
Ma ho protestato contro la sua fame di potere
But I protested against his hunger for power
"Non renderò mai schiave le persone coraggiose e libere"
"I will never enslave brave and free people"
i più saggi dei ministri erano del mio parere
the wisest of the Ministers were of my opinion
ma avevo apertamente rifiutato l'ambizione di Sua Maestà
but I had openly refused his Majesty's ambition
e non avrebbe mai potuto perdonare la mia sfida
and he could never forgive my defiance
Da quel momento è emerso un riff tra di noi
from this time a riff emerged between us
i suoi ministri che erano miei nemici guadagnarono in forza
his Ministers that were my enemies gained in strength

Hanno complottato per il mio rovesciamento
they plotted for my overthrow
e quasi finì nella mia totale distruzione
and it nearly ended in my utter destruction

tre settimane dopo arrivò l'ambasciatore di Blefuscu
three weeks later the ambassador from Blefuscu came
Fecero umilmente offerte di pace
they humbly made offerings of peace
e un trattato di pace fu presto firmato
and a peace treaty was soon signed
i termini erano molto vantaggiosi per il nostro imperatore
the terms were very advantageous to our Emperor
Anche gli ambasciatori mi hanno fatto visita
the ambassadors also paid me a visit
Mi hanno fatto i complimenti per la mia forza e generosità
they complimented me on my strength and generosity
e mi invitarono nel loro regno
and they invited me to their kingdom
Ho chiesto loro di inviare il mio rispetto all'Imperatore
I asked them to send my respect to the Emperor
e decisi di incontrarlo prima di tornare nel mio paese
and I resolved to meet him before I returned to my country
così la volta successiva che ho visto l'imperatore ho chiesto il permesso
so the next time I saw the Emperor I asked for permission
e mi ha concesso il permesso di andarmene
and he granted me permission to leave
ma lo ha fatto in modo molto freddo

but he did so in a very cold manner
è stato solo più tardi che ho scoperto perché
it was only later that I found out why

Mi stavo preparando a rendere omaggio all'imperatore di Blefuscu
I was preparing to pay my respects to the Emperor of Blefuscu
una persona distinta della Corte venne a casa mia
a distinguished person of the Court came to my house
ma è venuto molto privatamente di notte
but he came very privately at night
Era un mio buon amico
he was a good friend of mine
così ho messo la sua signoria nella tasca del cappotto
so I put his lordship into my coat pocket
Ho detto alle guardie di non far entrare nessuno
I told the guards not to let anyone in
e ho chiuso la porta dietro di noi
and I fastened the door behind us
Ho messo il mio visitatore sul tavolo
I placed my visitor on the table
e mi sedetti accanto a lui
and I sat down next to him
Il volto della sua signoria era pieno di guai
His lordship's face was full of trouble
Mi ha chiesto di ascoltarlo con pazienza
he asked me to hear him with patience
Mi ha detto che la questione riguardava molto il mio onore
he told me the matter highly concerned my honour

e disse che la mia vita dipendeva da questo
and he said my life depended on it
"Sai già cosa prova Skyresh Bolgalom per te"
"You already know how Skyresh Bolgalom feels about you"
"Egli è stato il tuo nemico mortale da quando sei arrivato"
"he has been your mortal enemy ever since you arrived"
"il suo odio è aumentato dal tuo grande successo contro Blefuscu"
"his hatred is increased since your great success against Blefuscu"
"Ha oscurato la sua gloria di ammiraglio"
"it obscured his glory as admiral"
"Questo signore e altri ti hanno accusato di tradimento"
"This lord and others have accused you of treason"
"e su questo si sono tenuti diversi incontri"
"and several meetings have been held about this"
"Sono molto grato per tutto quello che hai fatto per noi"
"I am very grateful for all you've done for us"
"così rischierò la mia testa per te"
"so I will risk my own head for you"
"Permettetemi di raccontare gli incontri tenuti"
"let me recount the meetings held"
"Ecco le accuse che intendono portare contro di te:"
"here are the charges they plan to bring against you:"
"Per prima cosa, hai catturato la flotta imperiale di Blefuscu"
"First, you captured the imperial fleet of Blefuscu"

"E tu l'hai portato nel porto reale"
"and you brought it into the royal port"
"Sua Maestà vi ha comandato di impadronirvi di tutte le altre navi"
"his Majesty commanded you to seize all the other ships"
"Voleva che tu li mettessi a morte"
"he wanted you to put them to death"
"Quelli che rompono l'uovo alla fine grande"
"those that crack the egg at the big end"
"E voleva completa obbedienza dal resto di loro"
"and he wanted complete obedience from the rest of them"
"Tutti hanno dovuto acconsentire a rompere le uova all'estremità più piccola"
"they all had to consent to break their eggs at the smaller end"
"Ma tu hai agito come un falso traditore"
"but you acted like a false traitor"
"Ti sei scusato dal servizio"
"you excused yourself from the service"
"con la scusa della riluttanza a schiavizzare persone innocenti"
"on pretence of unwillingness to enslave innocent people"
"poi arrivarono gli ambasciatori dalla Corte di Blefuscu"
"then the ambassadors arrived from the Court of Blefuscu"
"Ancora una volta ti sei comportato come un falso traditore"
"again you acted like a false traitor"
"Li hai aiutati e intrattenuti"
"you aided and entertained them"
"Anche se sapevi che erano servi di un nemico"

"even though you knew they were servants of an enemy"

"Inoltre, ora ti stai preparando a viaggiare verso la Corte di Blefuscu"

"Moreover, you are now preparing to voyage to the Court of Blefuscu"

"Questo è contrario al dovere di un cittadino fedele"

"this is contrary to the duty of a faithful citizen"

"Sua Maestà ha ricordato loro i servizi che avete fatto"

"his Majesty reminded them of the services you had done"

"ma l'ammiraglio e il tesoriere erano di altre opinioni"

"but the admiral and treasurer were of other opinions"

"Hanno insistito sul fatto che dovresti essere messo a morte vergognosa"

"they insisted that you should be put to a shameful death"

"Reldresal si è dimostrato ancora una volta un amico"

"Reldresal proved himself a friend to you once more"

"ha suggerito a Sua Maestà che la tua vita dovrebbe essere risparmiata"

"he suggested to his Majesty that your life should be spared"

"'Forse i suoi occhi potrebbero essere spuntati', suggerì.

"'perhaps his eyes could be poked out,' he suggested"

"In questo modo la giustizia potrebbe in qualche misura essere soddisfatta"

"this way justice might in some measure be satisfied"

"A questo Bolgolam si sollevò furioso"

"At this Bolgolam rose up in fury"

"Come potrebbe il segretario desiderare di preservare la vita di un traditore?"

"how could the secretary desire to preserve the life of a

traitor?"
"Il tesoriere ha sottolineato la spesa per tenerti"
"the treasurer pointed out the expense of keeping you"
"E ha anche esortato alla tua morte"
"and he also urged your death"
"ma ha suggerito una punizione diversa"
"but he suggested a different punishment"
"Ha suggerito di diminuire gradualmente la tua indennità"
"he suggested lessening your allowance gradually"
"e per mancanza di cibo sufficiente diventeresti debole e debole"
"and for want of sufficient food you would grow weak and faint"
"Dopo alcuni mesi moriresti per questo"
"after some months you would die from this"
"Allora ti taglierebbero la carne dalle ossa"
"then they would cut your flesh from your bones"
"Lo seppellivano in campagna"
"they would bury it in the countryside"
"e il tuo scheletro sarebbe stato usato come monumento"
"and your skeleton would be used as a monument"
"A Sua maestà questo piano è piaciuto di più"
"His majesty liked this plan the most"
"Ha ordinato che questo piano fosse tenuto segreto"
"he ordered this plan to be kept a secret"
"Ed è stato inserito nei libri per spuntare gli occhi"
"and it was entered in the books to poke your eyes out"
"Tra tre giorni il tuo amico segretario verrà a casa tua"
"In three days your friend the secretary will come to your

house"
"Leggerà l'accusa davanti a te"
"he will read the accusation before you"
"e indicherà la grande misericordia di Sua Maestà"
"and he will point out the great mercy of his Majesty"
"Egli non dubita che ti sottometterai umilmente"
"he does not doubt you will submit humbly"
"Venti chirurghi di Sua Maestà eseguiranno l'operazione"
"Twenty of his Majesty's surgeons will perform the operation"
"Ti faranno sdraiare a terra"
"they will have you lie on the ground"
"E poi ti scaricheranno frecce molto appuntite negli occhi"
"and then they will discharge very sharp-pointed arrows into your eyes"
"Lascio a voi considerare quali misure prendere"
"I leave you to consider what measures you will take"
"per sfuggire al sospetto devo tornare subito"
"to escape suspicion I must immediately return"
e la sua signoria partì immediatamente
and his lordship left immediately

Rimasi solo, in grande perplessità
I remained alone, in great perplexity
All'inizio ero incline alla resistenza
At first I was bent on resistance
Potrei facilmente distruggere la metropoli con le pietre
I could quite easily destroy the metropolis with stones
ma ho respinto questa orribile idea

but I rejected this horrible idea
Avevo fatto un giuramento all'imperatore
I had made an oath to the Emperor
e mi ricordai dei favori che avevo ricevuto da lui
and I remembered the favours I had received from him
Avevo ancora il permesso di Sua Maestà di visitare Blefuscu
I still had his Majesty's permission to visit Blefuscu
Ho deciso di cogliere l'occasione
I decided to take this opportunity
Vorrei rendere omaggio all'imperatore di Blefuscu
I would pay my respects to the Emperor of Blefuscu
Ho scritto una lettera al mio amico segretario
I wrote a letter to my friend the secretary
e gli ho parlato della mia risoluzione
and I told him of my resolution
ma non ho aspettato una risposta
but I did not wait for an answer
Sono andato sulla costa e sono entrato nel canale
I went to the coast and entered the channel
guado e nuoto raggiunto il porto di Blefuscu
wading and swimming reached the port of Blefuscu
la gente mi aspettava da tempo
the people had long expected me
e mi condussero nella capitale
and they led me to the capital
Sono stato accolto dai funzionari
I was welcomed by the officials
Sua Maestà, la famiglia reale e i grandi ufficiali di corte
His Majesty, the royal family, and great officers of the Court

erano molto generosi con il loro intrattenimento
they were very generous with their entertainment
Anche questa era una grande nazione
this too was a great nation
Non ho menzionato la mia disgrazia con l'imperatore di Lilliput
I did not mention my disgrace with the Emperor of Lilliput
perché non pensavo che il principe avrebbe rivelato il segreto
because I did not suppose that the prince would disclose the secret
Ma in questo, apparve presto, fui ingannato
But in this, it soon appeared, I was deceived

Capitolo quinto
Chapter Five

Ero stato a Blefuscu per tre giorni
I had been in Blefuscu for three days
Avevo conosciuto la loro città
I had gotten to know their city
quindi ero curioso del resto della loro isola
so I was curious about the rest of their island
Mi sono diretto a nord est verso la costa
I headed North East to the coast
da lontano ho visto qualcosa che sembrava una barca
from a distance I saw something that looked like a boat
Mi sono tolto le scarpe e le calze
I pulled off my shoes and stockings
e ho guadato due o trecento metri attraverso l'acqua
and I waded two or three hundred yards through the water
mentre mi avvicinavo potevo vedere che era davvero una barca
as I got closer I could see it really was a boat
Una tempesta deve averlo spinto a riva
a storm must have pushed it to shore
Sono tornato subito in città
I returned immediately to the city
e sono andato a cercare aiuto
and I went to find help
Ci sono voluti molti sforzi
it took a great deal of effort
ma alla fine sono riuscito a portare la barca al porto di Blefuscu
but eventually I managed to get the boat to the port of

Blefuscu
apparve una grande folla di persone
a great crowd of people appeared
Si meravigliarono delle dimensioni della nave
they marvelled at the size of the vessel
"La fortuna ha gettato questa barca sulla mia strada" dissi all'imperatore
"good fortune has thrown this boat my way" I told the Emperor
"Mi porterà in altre terre"
"it will carry me to other lands"
"e da lì posso trovare il mio paese natale"
"and from there I can find my native country"
poi ho implorato materiali per la nave
then I begged for materials for the ship
e ho fatto molti discorsi gentili sul suo paese
and I made many kind speeches about his country
Così è stato lieto di esaudire i miei desideri
so he was pleased to grant my wishes

Nel frattempo l'imperatore di Lilliput si sentiva a disagio.
Meanwhile the Emperor of Lilliput grew uneasy
Ero stato via per un bel po 'di tempo
I had been away for quite a long time
(anche se non sapeva che conoscevo le sue intenzioni)
(although he did not know that I knew his intentions)
così mandò una persona di rango a Blefuscu
so he sent a person of rank to Blefuscu
informò l'imperatore di Blefuscu della mia disgrazia
he informed the Emperor of Blefuscu of my disgrace

Egli parlò della misericordia della mia punizione
he told of the mercy of my punishment
"Siamo stati gentili a non punirlo a morte"
"we have been kind not to punish him to death"
"La perdita dei suoi occhi è un prezzo equo da pagare"
"the loss of his eyes is a fair price to pay"
si aspettava che suo fratello di Blefuscu si conformasse
he expected his brother of Blefuscu to comply
pensava che mi avrebbe rimandato a Lilliput
he thought he would have me sent back to Lilliput
pensava che sarei stato legato mani e piedi
he thought I would be bound hand and foot
e pensava che sarei stato punito come traditore
and he thought I would be punished as a traitor
ma l'imperatore di Blefuscu rispose con molte scuse civili
but the Emperor of Blefuscu answered with many civil excuses
"Sai che sarebbe impossibile legare l'uomo-montagna"
"you know it would be impossible to bind the man-mountain"
"Gli sono grato per le sue molte buone azioni"
"I am grateful to him for his many good deeds"
"Ha portato la pace tra le nostre nazioni"
"he has brought peace between our nations"
"Anche se ha portato via la nostra flotta"
"even if he has taken our fleet away"
"Ma la nostra mente sarà presto alleviata"
"but our mind shall soon be eased"
"Ha trovato una nave potente"
"he has found a mighty ship"

"E insieme l'abbiamo resa di nuovo degna del mare"
"and together we have made it sea-worthy again"
"Presto salperà di nuovo"
"soon he will set sail again"
"E i nostri imperi saranno liberi da lui"
"and our empires will be free of him"
Con questa risposta il messaggero tornò a Lilliput
With this answer the messenger returned to Lilliput
e affrettai la mia partenza
and I hastened my departure
anche se il monarca di Blefuscu mi offrì segretamente la sua cortese protezione
although the monarch of Blefuscu secretly offered me his gracious protection
avrebbe preferito che avessi continuato a offrire i miei servizi
he would have preferred if I had continued to offer my services
ma avevo deciso di non fidarmi mai più dei principi
but I had resolved never more to put confidence in princes

In circa un mese ero pronto a partire
In about a month I was ready to leave
La famiglia reale uscì dal palazzo
The royal family came out of the palace
e mi sdraio sul viso per baciare le loro mani
and I lay down on my face to kiss their hands
Mi hanno gentilmente dato le loro mani
they graciously gave me their hands
Sua Maestà mi ha regalato cinquanta borse di Sprugliffs

His Majesty presented me with fifty purses of Sprugliffs
Queste erano le loro più grandi monete d'oro
these were their greatest gold coins
e mi ha dato una sua foto a grandezza naturale
and he gave me a full size picture of himself
L'ho subito messo in uno dei miei guanti
I immediately put it into one of my gloves
in modo che non venga danneggiato
so that it would not get damaged
Ho conservato la barca con carne e bevande
I stored the boat with meat and drink
e prese sei mucche vive e due tori
and took six living cows and two bulls
così come un piccolo sentito parlare di pecore
as well as a small heard of sheep
Avevo programmato di portarli nel mio paese
I planned to carry them to my own country
Avevo un buon fascio di fieno e un sacco di mais
I had a good bundle of hay and a bag of corn
in modo che potessi dar loro da mangiare durante il viaggio
so that I could feed them during the journey
Avrei preso volentieri una dozzina di nativi
I would gladly have taken a dozen of the natives
ma questo era qualcosa che l'imperatore non avrebbe permesso
but this was something the Emperor would not permit
e hanno persino perquisito le mie tasche ancora una volta
and they even searched my pockets once more
per essere sicuro di non aver preso nessuno

to make sure I hadn't taken anyone
Alcune cerimonie finali si sono svolte alla mia partenza
some final ceremonies were held at my departure
e finalmente sono tornato in mare
and finally I returned out to sea

26 settembre 1701
September the 26th, 1701
Avevo viaggiato ventiquattro leghe, secondo i miei calcoli.
I had travelled twenty-four leagues, by my reckoning
l'isola di Blefuscu era molto indietro rispetto a me
the island of Blefuscu was far behind me
poi ho visto una vela che volava a nord-est
then I saw a sail steering to the northeast
Ho cercato di attirare l'attenzione della nave
I tried to get the ship's attention
ma non ho potuto ottenere alcuna risposta
but I could get no response
ma la stavo raggiungendo
but I was catching up with her
perché il vento si è allentato
because the wind slackened
e in mezz'ora mi vide
and in half an hour she saw me
così ho scaricato un bengala dalla mia barca
so I discharged a flare from my boat
L'ho raggiunta tra le cinque e le sei di sera
I caught up with her between five and six in the evening
e il mio cuore ha sussultato di gioia quando ho visto i suoi colori

and my heart jumped for joy when I saw her colours
era davvero una nave inglese
she was indeed an English ship
Ho messo le mie mucche e pecore nelle tasche del cappotto
I put my cows and sheep into my coat pockets
e sono salito a bordo con tutto il mio piccolo carico
and got on board with all my little cargo
Il capitano mi ha ricevuto con gentilezza
The captain received me with kindness
e mi chiese di dirgli da dove venivo
and he asked me to tell him where I had come from
naturalmente pensava che fossi un pazzo delirante
of course he thought I was a raving lunatic
Tuttavia, ho tirato fuori dalla tasca il mio bestiame e le mie pecore
However, I took my cattle and sheep out of my pocket
Questo non ha mancato di stupire tutti sulla nave
this did not fail to astonish everyone on the ship
ed erano tutti convinti della mia storia
and they were all convinced of my tale

13 aprile 1702
April the 13th, 1702
Siamo arrivati in Inghilterra
We arrived in England
Ho soggiornato due mesi con mia moglie e la mia famiglia
I stayed two months with my wife and family
ma il mio desiderio di vedere il mondo non mi dava tregua

but my desire to see the world gave me no rest
alla fine ho dovuto partire di nuovo
eventually I had to leave again
mentre in Inghilterra ho fatto grandi profitti dal mio piccolo bestiame
while in England I made great profit from my little cattle
Tutto il mondo voleva vedere i piccoli animali
all the world wanted to see the little animals
alla fine li ho venduti per buoni soldi
eventually I sold them for good money
Ho comprato una buona casa per mia moglie e la mia famiglia
I bought a good house for my wife and family
e li ho lasciati con soldi più che sufficienti per vivere
and I left them with more than enough money to live on
con le lacrime agli occhi ho lasciato di nuovo la mia famiglia
with tears in my eyes I left my family again
e ho navigato su "The Adventure"
and I sailed onwards on "The Adventure"

www.tranzlaty.com

www.ingramcontent.com/pod-product-compliance
Lightning Source LLC
Chambersburg PA
CBHW020133130526
44590CB00040B/582